Puna

Camila Blavi

Puna

bokeh ✳

© Camila Blavi, 2025

© Fotografía de cubierta: W Pérez Cino, 2025

© Bokeh, 2025

Gainesville, FL
www.bokehpress.com

ISBN 978-1-966932-08-6

Bokeh es un sello editorial asociado a Almenara Press

JUNIO

todo aquel que aprende sobre los estromatolitos sabe que tiene que defenderlos

María Eugenia Farías

Abril

la existencia de los estromatolitos le
genera calidez en una era que consi-
dera hostil.

antes de dormir se imagina vivir en
la puna, en movimiento, sin gente.
solo Ariel, las aves, insectos, vicuñas,
llamas.

se pregunta si está mal imaginar sin
pedir permiso a la tierra, así que de
vez en cuando lo hace, agradece.

los extremófilos son organismos
de condiciones extremas
hay clasificaciones
de acuerdo
a sus formas de supervivencia

los estromatolitos son halófilos
disfrutan de la alta salinidad
se sabe que presenciaron
la aparición de la vida aeróbica

son lo vivo más temprano
en la tierra
o al menos
de lo que se tiene evidencia

María Eugenia Farías descubrió
estromatolitos vivos en salares de la puna

los hay en pocos lugares del planeta

si los pisas
se contaminan

con la extracción de litio
se mueren

acumulación de sedimento
algas y cianobacterias
no puedo contenerme ante esa vastedad
si me pierdo entre lo diminuto
me he craquelado   sería así alimento
palparía así   el calor del cielo

las cianobacterias son nombradas debido a su color
en la escuela dicen que el azul es un color triste
del cielo   del frío

bajo el mar cianobacterias
muertas y a veces vivas
crean rugosidad sobre rocas
inventaron la fotosíntesis
lo vivo con lo muerto

volvamos a los colores tristes
o cómo nos hace sentir tristes
el color de lo más antiguo y vivo en el mundo

en estos tiempos antes de hablar
hay que ser experto
y si soy experto en la tristeza
¿puedo hablar de todo lo azul?
al haber estado tan tristes hay quienes dejan
   de estarlo

concibo fósiles suyos en mi pecho

sobre la puna mueren cianobacterias
qué otra cosa podría conmoverme

el mar cubriendo San Pedro de Atacama
se transformó en sal como persona incauta

me obsesiona su imagen rígida
y el miedo congelando su cara
leímos el miedo en el antiguo libro
testigo de su condena: lo que habría de ser

hablar con un fósil
también serlo
para mis adentros
la idea es constante
hacerme chiquito
transparente
a los hábitos
ásperos
humanos

una impresión silenciosa sobre tierra erosionada
o el rastro de los gases al quemarse
la ceniza que cubre algunas formas de violencia
el polvo que deja la acción de un fusil
así iría yo   negra
piramidal   *funesto*
con la amargura evaporada

al morir queda lo fósil
pero   ¿quién quiere estar muerto?
ser momia
buscar ritmo en la respiración
sentir horror frente al silencio
la imposibilidad de ver   de hacer y decir

de ser piedra fósil me pregunto
sobre el roce con los pajonales
pienso en las hebras negras
que salen de mi cabeza

busco similitud

cómo será que se sienten entre sí
si solo entiendo la existencia del cabello
por la utilidad que presenta

bandadas de parinas chicas
tan extremófilas y yo fósil
desatadas y expandidas sobre el altiplano
quizás parte de un único cuerpo modular
trazado de cordillera a cordillera
cómo no desear ser parte
de esa celebración ausente de lengua

no le creo a esa muerte   enaltezco
mis brazos hacia el cielo
nuestro tesoro microscópico
no sabrán su significado
mientras floten sobre nuestras aguas
sin preguntar

en la puna que existe detrás de mis ojos
sé que podría vivir sin ser nombre propio
una roca sumergida en el salar más vasto
sin búsqueda de adoración
erosionada y viva en la fiesta microbiana

los estromatolitos
hacen sin ser vistos
que los colores permanezcan
grabados sobre azul

me pregunto entonces
por los grandes hacedores
habrán ellos hecho el dorado de sus prendas
habrán ellos salido del mar a rastras

en medio de la oscuridad
en medio de lo no hecho
de lo intrincado de su ambición
por ser adorados

los estromatolitos
hacen sin ser vistos
un hogar en una roca
termal el letargo
altura dispuesta
imperioso arterial
que envenena
lo que las yemas tocan
de ese pulso

Mayo

polvo
bordea la forma de las cosas
vela el exterior de este día
donde poco se mueve

las hojas temen soltarse de las ramas
partirse en pedazos antes de llegar al suelo

convencieron desde el honor
a todo ser viviente de estar anclado a un sitio

podemos ser recordados quedándonos aquí
seremos fósiles en sus corazones

la ceniza cubre la posibilidad de extravío
perros intentan no desaparecer a sus expensas
escondidos bajo escombros simulan estar sin vida
¿lo quiero?

así se cuenta la vida dentro de las pantallas
los cuerpos caídos   sus huesos limados
polvo para lanzar sobre los ríos y alcanzar
la eternidad volverse estrellas terrenales
reflejan y saludan al cielo

por las noches   los higos se revientan
en la mandíbula de algunas ratas y nadie hay
mamá no hay qué las aleje   qué las desplome
queman con el caldo ácido de su lengua

un risco
rocoso   seco
al atardecer el sol señala sus anillos
cadáveres de insectos sepultados en sus capas
acerco mi cabeza de costado
escucho el guijarro nacer
antes de cualquier suspiro
en plena oscuridad el mundo

alguien me dijo que las comparaciones
denotan inexperiencia
ahora creo que ese es un pensamiento estrecho
tras mi boca ser desde entonces roca por tanto
ojalá no dejar de enfrentar el mundo con ternura

un plano duro   ventoso
donde hay que agudizar ojo y oído
sospechar que lo grande carece de espesura

mamá   ¿a qué me aferro?
quiero estar en la villa   pero con los ojos cerrados
con la mente entre las láminas en el interior de
    una piedra

hubo quienes validaron el sueño
lo hicieron meta y realidad
si yo en ellos no encuentro más que alegría
por qué quedarme a ver el plomo
craquelar las placas aún blandas de un niño
ver las serpientes derramarse sin propósito
al huir de cuerpos pequeños y grandes

las serpientes rojas se evaporan
en medio de tanto calor
no traerán lluvia
solo tormentos

la erupción dejó gris
calles casas caminos
escribir sobre polvo
cianobacterias estromatolitos
el inicio o sobre el fin
si el mundo acaba
si sigue

si sigue así   qué condena
buscar un mundo fingido
montar
algo tan pequeño

soñó con un salar. no identificó su
nombre, a pesar de haber estudiado
y recopilado imágenes de la mayoría.
hizo distancia para no contaminarlo.

la similitud de un salar con un volcán,
ojos que miran al cielo y que guardan
la franqueza de una brizna de vida
depositada. hubo bacterias aves arte-
mias. pequeños mundos en compara-
ción a su tamaño.

las ideas se caen
el interior está seco
salino
caminando voy

evaporitas

doy pasos circulares
busco un ojo que mire al cielo
que a sí mismo puede responderse

la laguna contiene agua líquida y gaseosa
me quema la piel
frente a mí los matices de un blanco
gorjean próximos a los pliegues de mis orejas
esta es la manera que tengo de hablar de mí
salino quizás fronterizo
cavo fosas en mi materia gris

quise decírselo a quienes amé
pero se cerraron sus oídos
y sus partes se hundieron

me quedé junto a la sal
arribó una sombra plateada

llámame Del rayo

—dijo—

busco a un chico perdido
en la cima de un monte

asciendo juntando pasos
Del rayo y Chico estuvieron bajo el hielo
después de la Capacocha
organismos bajo la nieve   extremófilos

a más altura el corazón se endurece
a cada paso soy más roca
ya no temo pues cómo podría
esta inmortalidad ser correctiva
para Chico llevo semillas en un bolsillo
Del rayo una parina a cuestas
derramadas las serpientes por el tajo
la piel de su espalda se torna sagrada
se hace luz como espejo

el sueño plácido se hizo extenso,
pesado. una mañana despertó tan
tarde que hubo luz, nadie lo notó.
si eran así las cosas podría quedarse
allí el tiempo que quisiera, extender
el sueño simplemente. así lo hizo,
nada pasó.

el sedimento tiene tonos imperceptibles
hasta días de caminar sobre él
los pájaros aletean alrededor
leo mis poemas en voz alta
Del rayo se ríe
mis palabras son débiles
el piso se resquebraja al caminar
aun así me sostiene

la profesora de literatura
tuvo esta libreta en sus manos
despegó las hojas que intenté proteger
la devolvió en silencio

pensé

en el interior de una roca
en el interior de una roca

así yo manso me endurezco por dentro
pienso en lijar estas láminas propias
dejarlas suaves y pegajosas
listas para atraer insectos   restos de sal
polvo   camanchaca   listo yo con el martillo
revirtiendo abolladuras
gotas de néctar microbiano

el tiempo es dócil para mí
tras la cordillera de sal encontramos agua
Del rayo se mueve al paso de una llama

veo las sales moverse bajo nuestros pies
desplazan sus tonos

es un paisaje hermoso
más cielo y nubes que suelo

renunciar
ser un rastro de ola que se mantiene vivo

Del rayo habla en otra lengua   sonríe   juega
mi cuerpo avanza pegado a las rocas
con la oreja tendida sobre lo fósil
cuelgo   me aferro   me quedo fuerte

casi siento la voz de mamá ordenando salir

obstinado a la navaja
la lanzo sobre el muro
repito incontables
sin lograr ahuecarlo ni un poco
por la espalda Del rayo
abraza mi frente
escucho el sonido del vapor
caemos al suelo
quisiera soltarme
pero se enreda como serpiente

Junio

dormía. la técnico preguntó si había
hecho andinismo o alguna actividad
similar. llevaba tres semanas sin salir
de su habitación.

le administraría oxígeno durante el
trayecto al hospital.

horas de camino de Chico no hay rastro
Del rayo se niega a decir cómo ser ella

dejé la villa   las casas ceniza
aquello que me rechaza ha caído

no hay gesto que me quite lo que soy
no hay cosa que me haga sentir vergüenza

ya cerca del volcán
insisto con mayor certeza

prefiero su interior vaporoso
gases volátiles
que crean vida

podría tramar un lecho
derretirme en su cuenca

su habladuría errátil
me ha roto el corazón
sé que quien lea dirá
que hay más formas
de decir *corazón roto*
pero este es el mío
concreto
no se esconde

camino circular
ando sobre salares
fundidos con el cielo

Del rayo no quiere oírme
estruja mi ropa
reordena mi dirección
a mayor altura más corvada
no hablo de cansancio

veo el reflejo plateado
ágil
sobre suelo y agua

hilos de azufre
se caen por mi nariz
del rayo me pregunta
si acaso estoy hueco

adentro qué hay
qué siente una planta
una roca

hipersalino evaporado
mi soplo retorna intrínseco
sobre la dermis quemada
que es mía
resulta a pesar de

estas capas si las corto
me contengo
lo que he sido
acumulación de láminas
que podrían sonar

evaporias

Chico viene a nosotros
plateado es un espejo
sé que al laminarme
no caerán serpientes rojas
serán los matices minerales
prístinos y hermosísimos aflorarán
para las parinas

Catálogo Bokeh

ABREU, Juan (2017): *El pájaro*. Leiden: Bokeh.

AGUILERA, Carlos A. (2016): *Asia Menor*. Leiden: Bokeh.

— (2017): *Teoría del alma china*. Leiden: Bokeh.

AGUILERA, Carlos A. & MOREJÓN ARNAIZ, Idalia (eds.) (2017): *Escenas del yo flotante. Cuba: escrituras autobiográficas*. Leiden: Bokeh.

ALABAU, Magali (2017): *Ir y venir. Poesía reunida 1986-2016*. Leiden: Bokeh.

— (2019): *Mordazas*. Leiden: Bokeh.

ALCIDES, Rafael (2016): *Nadie*. Leiden: Bokeh.

ANDRADE, Orlando (2015): *La diáspora (2984)*. Leiden: Bokeh.

ARMAND, Octavio (2016): *Concierto para delinquir*. Leiden: Bokeh.

— (2016): *Horizontes de juguete*. Leiden: Bokeh.

— (2016): *origami*. Leiden: Bokeh.

AROCHE, Rito Ramón (2016): *Límites de alcanía*. Leiden: Bokeh.

ATENCIO, Caridad (2018): *Desplazamiento al margen*. Leiden: Bokeh.

ÁVILA VILLAMAR, Carlos (2025): *Nueve ficciones*. Gainesville: Bokeh.

BARQUET, Jesús (2018): Aguja de diversos. Leiden: Bokeh.

BLANCO, María Elena (2016): *Botín. Antología personal 1986-2016*. Leiden: Bokeh.

CABALLERO, Atilio (2016): *Rosso lombardo*. Leiden: Bokeh.

— (2018): *Luz de gas*. Leiden: Bokeh.

CALDERÓN, Damaris (2017): *Entresijo*. Leiden: Bokeh.

CASTAÑOS, Diana (2019): *Yo sé por qué bala la oveja mansa*. Leiden: Bokeh.

— (2019): *The Price of Being Young*. Leiden: Bokeh.

CATAÑO, José Carlos (2019): *El cónsul del Mar del Norte*. Leiden: Bokeh.

CINO, Luis (202x): *Volver a hablar con Nelson*. Leiden: Bokeh.

COLUMBIÉ, Ena (2019): *Piedra*. Leiden: Bokeh.

CONTE, Rafael & CAPMANY, José M. (2019): *Guerra de razas. Negros contra blancos en Cuba*. Leiden: Bokeh | colección Mal de archivo.

DÍAZ DE VILLEGAS, Néstor (2015): *Buscar la lengua. Poesía reunida 1975-2015*. Leiden: Bokeh.

— (2015): *Cubano, demasiado cubano. Escritos de transvaloración cultural.* Leiden: Bokeh.

— (2017): *Sabbat Gigante. Libro primero: Hojas de Rábano.* Leiden: Bokeh.

— (2018): *Sabbat Gigante. Libro segundo: Saigón.* Leiden: Bokeh.

ESPINOSA, Lizette (2019): *Humo.* Leiden: Bokeh.

FERNÁNDEZ LARREA, Abel (2015): *Buenos días, Sarajevo.* Leiden: Bokeh.

— (2015): *El fin de la inocencia.* Leiden: Bokeh.

FERRER, Jorge (2016): *Minimal Bildung. Veintinueve escenas para una novela sobre la inercia y el olvido.* Leiden: Bokeh.

GALINDO, Moisés (2019). *Catarsis.* Leiden: Bokeh.

GARBATZKY, Irina (2016): *Casa en el agua.* Leiden: Bokeh.

GARCÍA, Gelsys (2016): *La Revolución y sus perros.* Leiden: Bokeh.

GARCÍA, Gelsys (ed.) (2017): *Anuncia Freud a María. Cartografía bíblica del teatro cubano.* Leiden: Bokeh.

GARCÍA OBREGÓN, Omar (2018): *Fronteras: ¿el azar infinito?* Leiden: Bokeh.

— (2025): *66 décimas para cuerdas migratorias.* Gainesville: Bokeh.

GARRANDÉS, Alberto (2015): *Las nubes en el agua.* Leiden: Bokeh.

GINORIS, Gino (2018): *Yale.* Leiden. Bokeh.

GÓMEZ CASTELLANO, Irene (2015): *Natación.* Leiden: Bokeh.

GUERRA, Germán (2017): *Nadie ante el espejo.* Leiden: Bokeh.

GUTIÉRREZ COTO, Amauri (2017): *A las puertas de Esmirna.* Leiden: Bokeh.

HÄSSLER, Rodolfo (2019): Cabeza de ébano. Leiden: Bokeh.

HERNÁNDEZ BUSTO, Ernesto (2016): *La sombra en el espejo. Versiones japonesas.* Leiden: Bokeh.

— (2016): *Muda.* Leiden: Bokeh.

— (2017): *Inventario de saldos. Ensayos cubanos.* Leiden: Bokeh.

HERRERA, Alcides (2022): *Canciones iguales.* Leiden: Bokeh.

HERRERA, José María (2025): *La musa política.* Gainesville: Bokeh.

HONDAL, Ramón (2019): *Scratch.* Leiden: Bokeh.

— (2020): *La caja.* Leiden: Bokeh

HURTADO, Orestes (2016): *El placer y el sereno.* Leiden: Bokeh.

INGUANZO, Rosie (2018): *La Habana sentimental.* Leiden: Bokeh.

JESÚS, Pedro de (2017): *La vida apenas.* Leiden: Bokeh.

KOZER, José (2015): *Bajo este cien.* Leiden: Bokeh.

— (2015): *Principio de realidad.* Leiden: Bokeh.

LAGE, Jorge Enrique (2015): *Vultureffect*. Leiden: Bokeh.

LAMAR SCHWEYER, Alberto (2018): *Ensayos sobre poética y política. Edición y prólogo de Gerardo Muñoz*. Leiden: Bokeh | colección Mal de archivo.

LUKIĆ, Neva (2018): *Endless Endings*. Leiden: Bokeh.

MARQUÉS DE ARMAS, Pedro (2015): *Óbitos*. Leiden: Bokeh.

MÉNDEZ ALPÍZAR, L. Santiago (2016): *Punto negro*. Leiden: Bokeh.

MIRANDA, Michael H. (2017): *Asilo en Brazos Valley*. Leiden: Bokeh.

MORALES, Osdany (2015): *El pasado es un pueblo solitario*. Leiden: Bokeh.

— (2018): *Zozobra*. Leiden: Bokeh.

— (2023): *Lengua materna*. Leiden: Bokeh.

NARANJO, Carlos I. (2019): *Los cantos de Pandora*. Leiden: Bokeh.

PADILLA, Damián (2016): *Phana*. Leiden: Bokeh.

PEREIRA, Manuel (2015): *Insolación*. Leiden: Bokeh.

PÉREZ, César (2024): *La capital del sol. Tragicomedia en tres actos*. Leiden: Bokeh.

PÉREZ CINO, Waldo (2015): *Aledaños de partida*. Leiden: Bokeh.

— (2015): *El amolador*. Leiden: Bokeh.

— (2015): *La isla y la tribu*. Leiden: Bokeh.

— (2019): *Apuntes sobre Weyler*. Leiden: Bokeh.

PONTE, Antonio José (2017): *Cuentos de todas partes del Imperio*. Leiden: Bokeh.

— (2018): *Contrabando de sombras*. Leiden: Bokeh.

PORTELA, Ena Lucía (2016): *El pájaro: pincel y tinta china*. Leiden: Bokeh.

— (2016): *La sombra del caminante*. Leiden: Bokeh.

— (2020): *Cien botellas en una pared*. Leiden: Bokeh.

QUINTERO HERENCIA, Juan Carlos (2016): *El cuerpo del milagro*. Leiden: Bokeh.

RIBALTA, Aleisa (2018): *Talús / Talud*. Leiden: Bokeh.

RODRÍGUEZ, Reina María (2016): *El piano*. Leiden: Bokeh.

— (2018): *Poemas de navidad*. Leiden: Bokeh.

SAAB, Jorge (2019): *La zorra y el tiempo*. Leiden: Bokeh.

SALCEDO MASPONS, Jorge (2025): *Memoria de eso*. Gainesville: Bokeh.

SÁNCHEZ MEJÍAS, Rolando (2016): *Mecánica celeste. Cálculo de lindes 1986-2015*. Leiden: Bokeh.

SAUNDERS, Rogelio (2016): *Crónica del decimotercero*. Leiden: Bokeh.

STARKE, Úrsula (2016): *Prótesis. Escrituras 2007-2015*. Leiden: Bokeh.

TIMMER, Nanne (2018): *Logopedia*. Leiden: Bokeh.

VALDÉS ZAMORA, Armando (2017): *La siesta de los dioses*. Leiden: Bokeh.

VALENCIA, Marelys (2021): *Peregrinaje en tres lapsos | Pilgrimage in Three Lapses*. Leiden: Bokeh.

— (2023): *Santuario de narcisos en ayunas | Sanctuary of Fasting Daffodils*. Traducción de Peter Nadler. Leiden: Bokeh.

VEGA SEROVA, Anna Lidia (2018): *Anima fatua*. Leiden: Bokeh.

VILLAVERDE, Fernando (2016): *La irresistible caída del muro de Berlín*. Leiden: Bokeh.

— (2016): *Los labios pintados de Diderot*. Leiden: Bokeh.

WILLIAMS, Ramón (2019): *A dónde*. Leiden: Bokeh.

WITTNER, Laura (2016): *Jueves, noche. Antología personal 1996-2016*. Leiden: Bokeh.

ZEQUEIRA, Rafael (2017): *El winchester de Durero*. Leiden: Bokeh.

— (2020): *El palmar de los locos*. Leiden: Bokeh.

www.ingramcontent.com/pod-product-compliance
Lightning Source LLC
Chambersburg PA
CBHW022016080426
42733CB00007B/621